L'éditeur n'a aucun contrôle sur les sites web des auteurs ou des tiers, ni sur leur contenu, et n'assume aucune responsabilité à cet égard.
Imprimé en Chine

La conception de la couverture et les illustrations ont été réalisées par Gabi Moraes.
Les illustrations ont été créées numériquement.

ISBN: 978-1-998426-05-8 (pbk)

www.tielmourpress.com   sales@tielmourpress.com

Jo-Ann Scranton
Gabi Moraes

Kathi adore créer de nouvelles machines extraordinaires!

Ce qu'elle aime par-dessus tout, c'est combiner différentes choses ensemble pour créer quelque chose de nouveau.

Un bon matin, Kathi eut une idée!

Elle laissa tomber son déjeuner et courut jusqu'au garage.

Kathi prit des boutons,
les relia à des engrenages et des
moteurs, et ajouta des interrupteurs
et des commutateurs.

Elle ajouta quelques fermetures éclair et six piles pour faire
fonctionner le tout.

EURÊKA !

Kathi avait fabriqué la toute première machine à **voyager dans le temps!**

Il ne manquait plus qu'à l'allumer...

Elle brancha les piles et ferma les fermetures éclair.

Elle activa les interrupteurs et les commutateurs, et remonta les engrenages et les moteurs.

Elle appuya sur tous les boutons dans un ordre bien précis, et enfin, elle se croisa les doigts…

pour la chance.

Et une fois la fumée dissipée…

Tout était sens dessus dessous!

Kathi n'avait pas inventé une machine à voyager dans le temps – elle avait fabriqué une machine À SENS DESSUS DESSOUS!

Mais comment?

Peut-être qu'elle n'avait pas activé *tous* les interrupteurs et les commutateurs.

Ou peut-être qu'elle n'avait pas fermé les fermetures éclairs jusqu'au bout.

Peu importe.

C'était bien plus amusant d'être sens dessus dessous.

Kathi enfila une paire de ventouses et retourna déjeuner.

Sauf qu'à son retour, elle
s'aperçut que sa tartine s'était
écrasée au plafond.

SPLAT!

Kathi trouva tout ça très
rigolo, et se prépara pour l'école.

À l'école, toutes les chaises et
tous les pupitres étaient
ancrés au sol.

Patsy éternua pendant le cours
d'arts plastiques, et tout son
matériel se renversa au plafond.

Kathi rigola.

À la récréation, Kathi voulait
jouer au soccer avec ses amis.

Mais dès que la balle fut frappée…

Elle se retrouva dans l'espace!

Sur le chemin du retour, Kathi vit des autos, des camions et des vélos aux roues couvertes de ventouses pour les empêcher de tomber.

Kathi éclata de rire!

C'était certainement la chose la plus *ridicule* qu'elle ait vue!

La mère de Kathi avait préparé son plat préféré – la pizza aux cornichons et aux patates!

Mais lorsqu'elle s'installa dans son siège, Kathi oublia de fixer son assiette à la table, et son souper se répandit partout sur le plafond!

C'était de moins en moins rigolo d'être sens dessus dessous.

Kathi retourna au garage
et attrapa la machine
sens dessus dessous.

Elle inséra de nouvelles piles,
ferma les fermetures éclair jusqu'au
bout, et activa tous les interrupteurs
et les commutateurs.

Elle remonta les engrenages de la bonne
façon, et appuya sur les boutons dans un
ordre très précis.

Et enfin,
elle se croisa les doigts
pour la chance…
encore.

POUF!

Un autre gros nuage de fumée mauve remplit la pièce!

Et une fois la fumée dissipée…

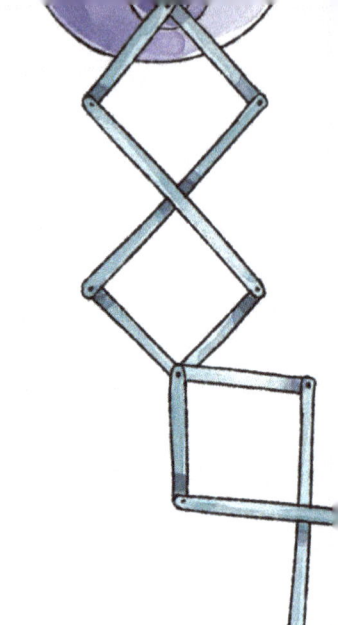

Tout était redevenu normal!

Kathi était bien heureuse de se retrouver à l'endroit, et se dit qu'il valait sans doute mieux qu'elle ne fabrique pas *vraiment* une machine à voyager dans le temps.

Ce serait *beaucoup trop* ridicule.

Peux-tu trouver ces objets?

Plusieurs choses amusantes se sont glissées dans l'histoire de Kathi!
Peux-tu toutes les trouver?

 Dinosaure vert

 Tomate

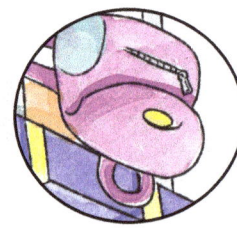 Sac à dos mauve

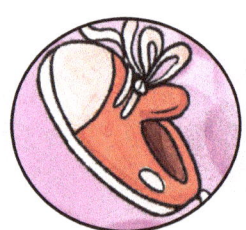 Soulier rouge

 Boule de tennis

 Chat noir

 Taille-crayon

 Parapluie

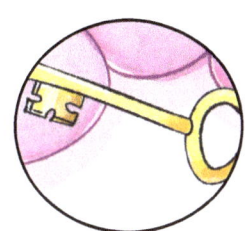 Clé en or

 Bobine de fil

 Ours en peluche

 Biscuit

 Pointe de pizza

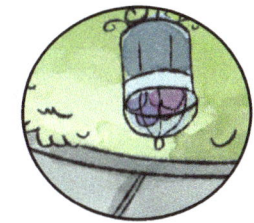 Poubelle

 Poisson rouge

 Bouteille de colle

 Bas qui pue

 Palette de peinture

www.ingramcontent.com/pod-product-compliance
Lightning Source LLC
Chambersburg PA
CBHW041532120626
46551CB00018B/2665